piano - canto - guitarra
piano - vocal - guitar

BUENA VISTA SOCIAL CLUB

RY COODER
COMPAY SEGUNDO
IBRAHIM FERRER
RUBEN GONZALEZ
ELIADES OCHOA

Cover Photography by Susan Titelman
© 1996 Susan Titelman

ISBN 0-634-01446-3

HAL•LEONARD®
CORPORATION
7777 W. BLUEMOUND RD. P.O. BOX 13819 MILWAUKEE, WI 53213

Visit Hal Leonard Online at
www.halleonard.com

www.peermusic.com

★ BUENA VISTA SOCIAL CLUB ★

CHAN CHAN

Words and Music by
FRANCISCO REPILADO

8

DE CAMINO A LA VEREDA

Lyrics and Music by
IBRAHIM FERRER

EL CUARTO DE TULA

Lyrics and Music by
SERGIO SIABA

PUEBLO NUEVO

Words and Music by ISRAEL LOPEZ

DOS GARDENIAS

Words and Music by
ISOLINA CARILLO

Moderate Bolero

Dos gar-de-nias __ pa-ra tí   Con e-llas quie-ro de-

cir: Te quie-ro,   te a-do-ro,   mi __

__ vi - da __   Pon-le to-da tu a-ten-ción   Por-que son tu co-

¿Y TÚ QUÉ HAS HECHO?

Words and Music by
EUSEBIO DELFIN

En el tron - co ___ de un ___ ár - bol ___ u - na

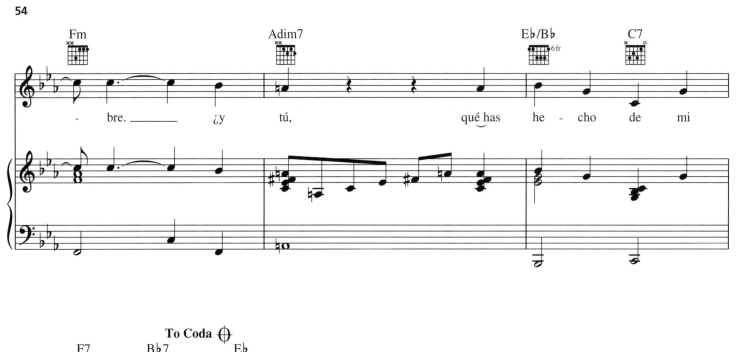

-bre. _____ ¿y tú, qué has he- cho de mi

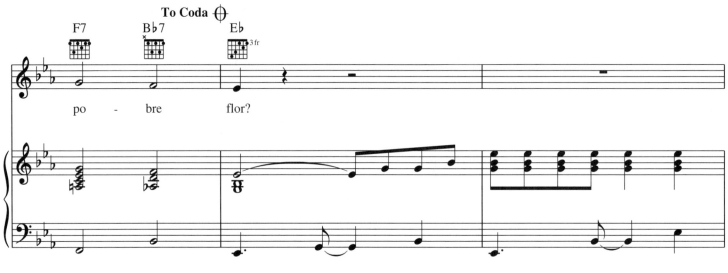

po - bre flor?

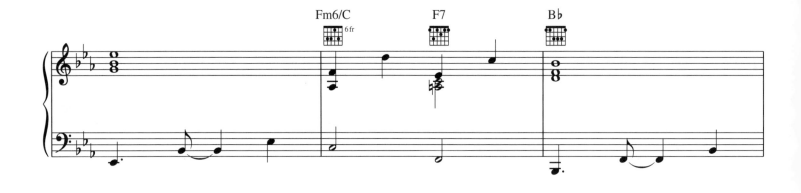

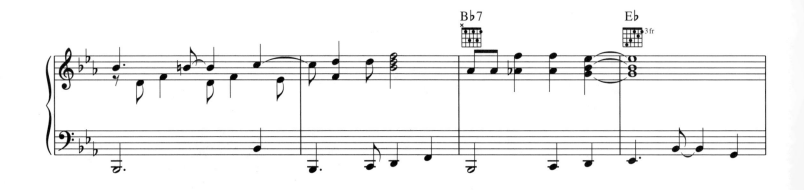

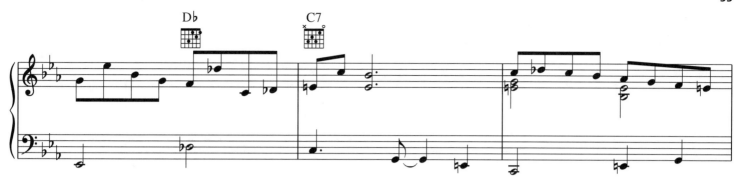

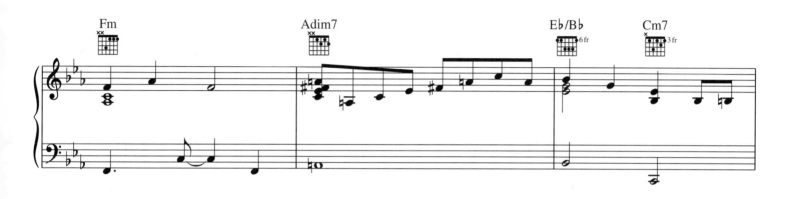

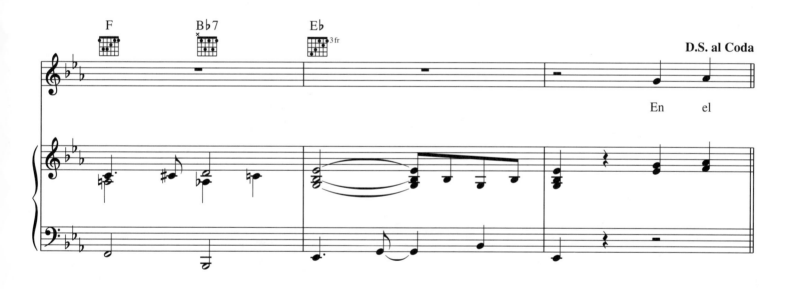

En el

flor?

VEINTE AÑOS

Words and Music by MARIA TERESA VERA

Vocal line sung on octave lower than written.

EL CARRETERO

Words and Music by
GUILLERMO PORTABALES

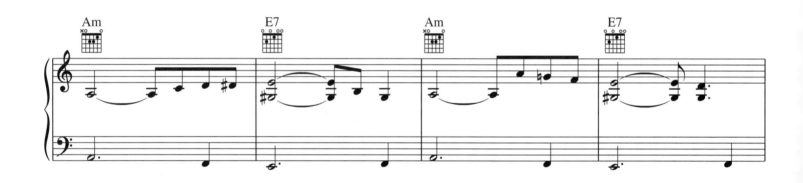

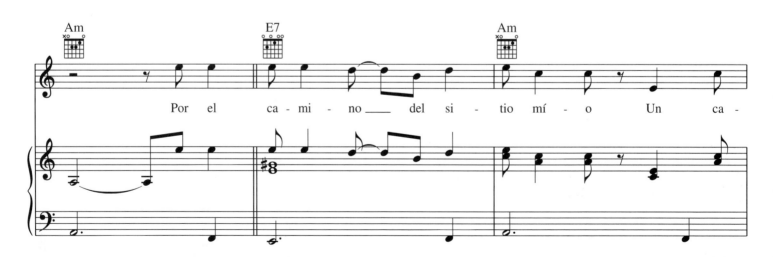

Por el ca - mi - no ___ del si - tio mí - o Un ca -

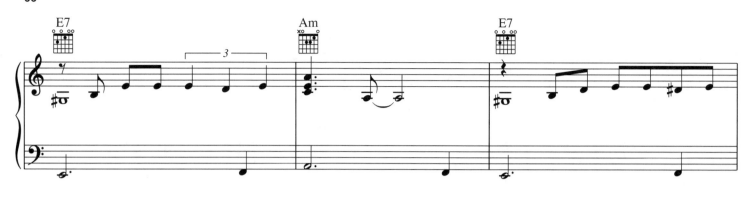

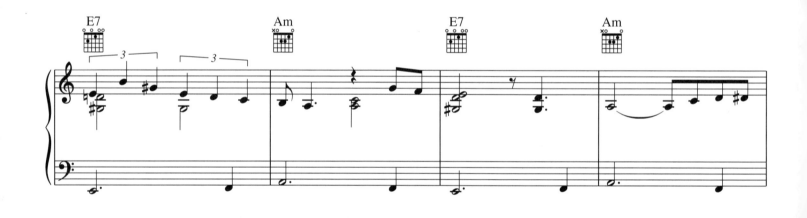

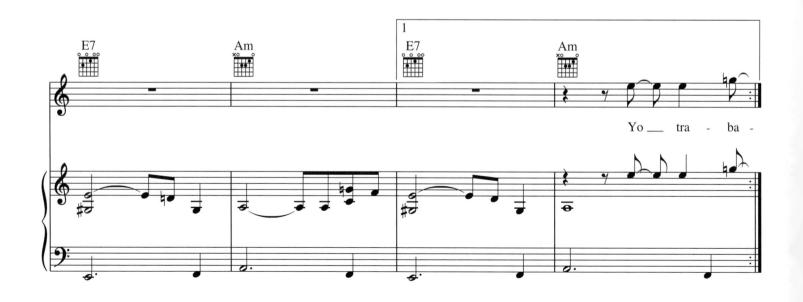

Yo __ tra - ba -

CANDELA

Page 1

Ay can - de - la, can - de - la,

83

AMOR DE LOCA JUVENTUD

Words and Music by
RAFAEL ORTIZ

Bright Gospel Blues

(1.,3.) Mue - ren   ya   las i - lu - sio - nes del a - yer

(2.) *Instrumental*

Que sa - cié ____   con lu - jurio - so a -

ORGULLECIDA

Words and Music by
ELISCO SILVEIRA

'Or - gu - lle -

MURMULLO

Words and Music by
ELECTO ROSELL

96

SOCIAL CLUB BUENA VISTA

Words and Music by ISRAEL LOPEZ

LA BAYAMESA

Words and Music by
SINDO GARAY